eXpírito
multiversos

rubén mejía

eXpírito
multiversos

rubén mejía

Tradução de Floriano Martins

Carta-prólogo de Jorge Aguilar Mora
Posfácio de Reyna Armendáriz González

escrituras
São Paulo, 2007

Copyright do texto © 2006 Rubén Mejía
Copyright da edição © 2007 Escrituras Editora

Todos os direitos desta edição foram cedidos à:
Escrituras Editora e Distribuidora de Livros Ltda.
Rua Maestro Callia, 123
04012-100 – Vila Mariana – São Paulo, SP
Tel.: (11) 5082-4190
escrituras@escrituras.com.br
www.escrituras.com.br

Editor	*Raimundo Gadelha*
Coordenação Editorial	*Camile Mendrot*
Tradução/versão	*Floriano Martins*
Preparação e revisão do texto	*Denise Pasito Saú*
Capa	*Herbert Junior*
Projeto gráfico	*Rubén Mejía*
Editoração eletrônica	*Rubén Mejía e Herbert Junior*
Impressão	*Bartira Gráfica*

**Dados Internacionais de Catalogação na Publicação (CIP)
(Câmara Brasileira do Livro, SP, Brasil)**

Mejía, Rubén
    Expírito : multiversos / Rubén Mejía ; tradução
de Floriano Martins ; carta-prólogo de Jorge
Aguilar Mora ; posfácio de Reyna Armendáriz
González. — São Paulo : Escrituras Editora,
2007.

Título original: *Expíritu*
ISBN 978-85-7531-241-4

1. Poesia mexicana I. Mora, Jorge Aguilar.
II. Armendáriz González, Reyna. III. Título.

07-0683   CDD-m861

Índices para catálogo sistemático:
1. Poesia : Literatura mexicana m861

Impresso no Brasil
Printed in Brazil

A Rosela, minha Musa
na senda de Sereias

Sumário

Carta-prólogo de Jorge Aguilar Mora	9
Livro I	13
A casa	14
Falo à aurora	17
A noite me chama	47
Livro II	79
O gato no alto	81
Gotas do rio: holografias	83
A explosão do instante	85
O relevo do invisível	121
Livro III	147
Escrito no sonho	149
Códigos do nada: Senda de Sereias	153
Encore	213
Posfácio de Reyna Armendáriz Gozález	221

Carta-prólogo

Jorge Aguilar Mora

Querido *Rubén, para mim, ir a Paris é como ir à minha orfandade, justamente porque gosto de me sentir o mais distante do lugar onde mais desejo estar sem nenhuma decisão de ficar, enquanto na Cidade do México sinto sempre que estou desenredando meu destino, indo para trás, porém nunca me afastando do que é o único lugar (para plagiar-te).*

Paris é meu houvera, *e ali, portanto, nunca descubro um absoluto, pelo contrário, me incita, me convida a sensação de que é impossível encontrar o absoluto, de que sempre estou de frente, de pé e de corpo inteiro, diante da impossibilidade. A outra, a Cidade do México, é outra impossibilidade, porém sempre com a convicção de que o sucedido é sempre bem-vindo, de que o que vivi (no México e fora dele) é, simplesmente é, e assim o conjugo, como dizes maravilhosamente em um de teus textos, o conjugo sempre no presente. É a inocência do passado, como dizia Nietzsche, retomado por Deleuze-Guattari. Que força tem teu diálogo com eles! Tuas réplicas são, ao mesmo tempo, contatos profundos, e esse diálogo constante que não é nem de aquiescência nem de rejeição, mas sim diálogo entre mundos, é uma forma gozosa de viver as idéias, as virtualidades ou as verdades que, como dizes, primeiro são breves antes de ser verdades. Teu "expírito" é uma soma. É uma soma, resume, re-sumo de toda tua vida, de toda tua experiência, de todo teu pensamento, e se sente tanta afirmação (não digo segurança, este conceito precisamente está fora de teu âmbito, pois não se trata de estar seguro, trata de se afirmar o que se é).*

Como soma, não é um livro para ler-se e pronto. Para mim, consegues criar verdadeiramente um universo alternativo, poessível, em que os neologismos, os inventos, as decomposições têm um sentido muito preciso, fatal. E é tudo de enorme coerência, uma reflexão que na medida em que a lemos, está sucedendo, está correndo, está fluindo.

Conseguiste captar o pensamento em fluxo e também fracassaste, porém, todos os que tentaram captá-lo nesse fluxo constante, pelo menos na modernidade, fracassaram, porque, desde os românticos alemães, é parte do destino: fracassar. Friedrich Schlegel e Novalis diziam maravilhosamente que criar é criar compreensão, mas também incompreensão, e que a incompreensão (a nescencia de Novalis) é necessária, é fundamental para a criação. E assim está em ti, não porque haja poemas ou linhas ou obras "incompreensíveis", mas sim porque estás falando sempre da incompreensibilidade como qualidade íntima da comunicação. Como qualidade única do que é o lugar onde tudo se torna real e virtual, possível e poessível. *Fizeste uma obra formidável. Admiro a coerência, a serenidade para construir este belo edifício. Estás como um arquiteto, e combinaste magnificamente as formas do poema de verso livre, os aforismos, os mini-ensaios à Nietzsche, e profundamente está teu diálogo-réplica-monólogo-intercâmbio com Mallarmé, Gorostiza, Paz, Deleuze-Guattari, Duchamp... Fascinou-me o poema na qual replicas-implicas a rejeição da árvore de Deleuze-Guattari, para propor tua própria vivência, e em seguida recuperar a força do acaso. Tua reflexão sobre a verdade consegue captar os paradoxos, a visão antidogmática, o último olhar — "vento de Deus é o olhar", dizia Adão — que constrói e reconstrói e nos oferece finalmente outro mundo, outro segredo.*

Não, não posso dizer tudo o que senti e pensei. De fato, necessito ruminá-lo. Porém, ao mesmo tempo, ruminá-lo será transformá-lo em algo meu que talvez já não reconhecerás (mas que eu te agradecerei). O que sucede é que me identifico tanto com tantas coisas que dizes que nada posso dizer, porque agora o diria com tuas palavras (e me deu enorme prazer cotejar tuas mudanças).

Estive observando-as em Expírito I, e vi o cuidado com que mudaste de lugar um poema, acrescentaste outro, porém, sobretudo gostei muito da precisão com que fizeste as mudanças menores, de palavras, ou como acrescentaste uma frase, e estes detalhes, em efeito, tornaram o texto mais consistente, mais agregado a si mesmo: tout se tient.

Expírito *me parece uma travessia/empresa/jornada/*work-in-infinite-progress *fascinante. Cotejei apenas a primeira parte e já aparecem coisas realmente emocionantes, e em si mesma a riqueza de tons, de acentos, de timbres, é estimulante... Pareces possuído ou apanhado por uma bela "gaia ciência" da plenitude.*

Sem querer ser hiperbólico, as distintas versões me lembram de imediato a empresa de Whitman *com* Leaves of Grass: *a cada nova edição, um novo livro. As adições e correções aumentavam e davam novas dimensões ao original de 1855... cada nova edição, em realidade, era um livro distinto.*

Assim parece a empresa de Expírito. *É um mundo poético.*

✳

Rubén, me mandaste algo precioso, algo maravilhoso, e esta não foi senão uma primeira leitura. Muitas vezes senti o que sempre senti e admirei em Nietzsche: *é impossível lê-lo "seguidamente" ou de uma sentada. Impossível. A carga é tão intensa, cada fragmento tem uma carga tão forte de sentido que é impossível passar de um para outro como se nada houvesse. Ao mesmo tempo, é necessário seguir, porque isto é parte do efeito buscado, embora seja impossível abarcá-lo de uma só "olhada". Tens um mundo, Rubén, que mais se pode querer? "Eis aqui teu mundo. E a isto se chama mundo". Em Fausto, a segunda frase, avaliadora, tem o acento da desilusão, da decepção; porém Nietzsche a usou para dizer todo o contrário: Este é o único mundo, e isto é um mundo, pra que melhor. O que está no mesmo horizonte da frase que citas de Duchamp, sobre as falsas interrogantes ao mundo; que não diz nada, que não tem nenhum mistério, que não responde a nenhuma interrogante. (Conheces o poema de [José Assunnción] Silva, A resposta da terra? É um poema magnífico, maravilhoso, que acaba com todo o romantismo justamente dizendo isso: a terra nunca disse nada, a terra nunca significou nada, é simplesmente terra, é simplesmente um mundo.)*

Bom, sim, já estou de regresso, tratando de atualizar-me em tudo quanto está em atraso. A viagem a Paris... a viagem a Paris... te mando um grande abraço e seguimos.

Jorge

Livro I

A Casa

As palavras são portas
     No centro da palavra
espreita o olho da fechadura

(Estas linhas breves podem ser corredores
e galerias
     — um arco-íris interior)

Entre uma linha e outra
os brancos dão forma
e nível
     à escada
a chave que fecha tua porta
não é a mesma que a abre

Cada espaço é uma porta secreta
     e estas letras
pó e transparência nas janelas
algumas altas paredes se sustentam
de ar e palavras vazias

Nos borrões e invisíveis nódoas
descansa a estrutura interna
o número zero

são as voltas
do parafuso
que ajustam os silêncios e aclaram a voz
e os sons se escutam
enquanto transpões o umbral

Passa   Tens as chaves na mão
Esta é a tua casa
A casa do poema

Falo à aurora

I
Sonhos de areia

Em meu relógio, não contam
os grãos da areia que passa,
mas sim aquilo que resta:
                a transparência
medida de meu tempo breve.

a
Com as gemas do pensamento
armo as últimas peças
de meu tempo mental

> *Em expírito me reflito*
> *— e por momentos me revelo*
> *até desaparecer —*
> *na metade real*
>
> > *do mundo*

II
Um pensamento

Primeiro penso,
   depois, minto.

Quão cara, tão inacabada
   a verdade do mundo.

É medir palmo a palmo
   os níveis do precipício.

Porém, com alguma nuvem
na mão, com a asa menos rota,
   morreria menos?

b

*A verdade no mundo não é, sua natureza diversa
sempre é outra, oposta e matizada em seu momento
aos olhares, certezas e dúvidas que historicamente —
o mesmo que hoje — lançamos sobre o mundo.*

III

O mundo vai sempre uma volta além
de sua própria verdade.

C

Última grande ironia da vida, sua tentação final, irresistível, é sua própria morte — sua oniria.

IV

gêmea daquela nossa velha torre de Babel
opunha ao mundo outra mais elevada ainda
porém logo no mesmo dia adicionamos
de um só golpe vieram abaixo duas

ch
O outro presente

O houvera não existe, porém, é um tempo sempre presente, latente, nessa interzona em que a sombra do passado não se forma e a luz do futuro ainda não se reflete.

Melhor dizendo, é o tempo provável, alternativo acerca do instante presente: aquilo que passa, simultâneo ao que chamamos "real", neste momento, porém, em outro lugar.

Se o presente é aqui e agora, o houvera é agora-além.

V

Túnel que
se torna poço
    abismo
        queda em
           cascata em
             incêndio
que ao tocar seu próprio fundo
ao abismar-se em si mesmo
me faz igual a sua forma
túnel sou
        minha história
finda e principia
em uma cova de luz
espelho que ao partir-se
ao receber-me em
sua lua interior
brinda a meus olhos
um branco olhar

d
Par Im Par

"O que morre é sempre o Outro!"
— Exclamou Eumaisooutro

Toda relação entre dois implica um terceiro dês
dobrando-se
    impar/mente

   ✳

  Para mim
    sou (ainda)
  minha parelha
  ímpar

✳

O duplamente sólido se
desvanece, desvanece-
    se
nas entranhas do ar
como um duplo zero

VI
Minha Extrela

Vejo a nudez da rosa
    como caem as pétalas
de uma deusa em
    toda a extensão de
    tua piscadela luminosa
igualmente me revelas o
princípio de meu fim
teu insondável
buraco negro
— olho que me olha

e
Dom da ubiqüidade

Estar em dois lugares
a um só tempo
ou estar em dois tempos
em um só lugar
(o lugar único)

Talvez o problema, talvez (Marcel Duchamp dizia que
resulta intranscendente buscar respostas porque nem a vida
nem o mundo apresentam interrogação alguma) seja estar
em um mesmo lugar ao mesmo tempo

> *Entregar-me e integrar-me a um*
> *espaço-momento único, total.*

VII
O Gato Schrödinger

Metade vivo — Metade morto
[na mira: a greta
   de minhas pupilas]
com minhasete vidas
   e minha meia morte
com minha sétima morte
         pump!
   e meia vida

f

O físico Erwin Schrödinger propôs na década de 1930 um experimento, decerto que unicamente mental: meter um gato em uma caixa especial — com certos níveis de radiação e hermeticamente fechada —, a qual estaria apontada por uma arma de fogo, que dispararia de forma automática se os núcleos radioativos decaíssem a um determinado nível.

A possibilidade de que a arma fosse ativada seria de 50%, ou seja, o gato teria exatamente a metade das probabilidades de sair vivo de sua clausura, porém, no interior da caixa, enquanto esta não se abrisse, sua condição seria a de um ser metade vivo e metade morto, ou, simultaneamente, estaria tanto vivo quanto morto, tomando como base a teoria dos universos paralelos ou múltiplos, segundo a qual toda eleição quântica divide um fenômeno em pelo menos dois universos: em um, o gato permanece vivo, e, no outro universo, o mesmo gato está morto.

Tal experimento, difícil de compreender a partir de nossas realidades cotidianas, é, não obstante, uma metáfora da natureza do homem e, de igual modo, uma interpretação dessa trama em que se enlaçam, inextrincavelmente, os fios da vida com os fios de nossa morte: vivo, metade morro; morto, metade vivo.

VIII
Ím-Par

Dois em uma vida quisera ser:
+ Uno — estando comigo.
  Dois — perdendo-me em ti.
_____

Vivo no instante múltiplo
igual a um presente
d i v i d i d o

*

Sou a testemunha presencial — privilegiada
de minha não-presença
o instante   escapado
de meu Deusomnimente

Bordar as bordas

Minha perda paulatina de mundo
é um tecido de ponto
com cerzido invisível

9

O *não-tempo é o tempo*
anterior ao começo do tempo,
e meu tempo ulterior a mim, onde é?
Não é, onde?

IX

Nossa totalidade única, acaso, radica em um
par-im-par de momentos: o antes da
morte, o antes da vida e
o instante de morte preciso
no ato de amor
        sem ressurreição

i

*O objeto observado, inapreensível,
desvia, imperceptível, teu olhar
de observador*

X

Inclino-me
ponho minha orelha sobre o peito quente e redondo
da história do homem
          e escuto o ritmo
de um latejo:
        ziguezague   ziguezague
             ziguezague   zigue

j
Cada urbe descobre sua Zona Zero
(o novo pálpito
de seu coração negro)

XI

Meus instantes todos Aqui e agora Entre o hoje e eu Em um só ponto Antes do curso do tempo O mesmo instante fugaz ilimitado Não há passado Não há futuro E o presente só seria presente aqui

Onde nada é

k

O objeto observado, incompreensível,
transforma o olhar e

        o observador

de igual modo observado

XII

Morte, o fundo que vai
emprestando
              sua forma
à vida

h

Greta de luz

       O mundo

Quem pode escapar de seus reflexos?

XIII

O houvera
tempo de magia
imagem
            que provoco
            em teu sonho que
            me invoca
para existir na irrealidade
            alucinante
do amor real

I

Com meu tempo termina
meu tempo mental?
Neste centésimo-bilionésimo
de segundo
tenho o tempo do mundo
para refletir
sobre o fulgor
— estrela fugaz —
da guilhotina...?

XIV
O outro fim

Não é a vida
não a morte não
o pequeno mundo

É apenas o não-pensar
o pensamento
    o não saber-me mais
a vida
    poessível

II

Não metade cheio   Nem meio vazio
Em sua própria forma, o copo,
a própria vida, é um copo
pleno   cheio
*   transbordante*
*   mesmo que de vazio*

Basta das realidades pela metade e
das visões pela metade desta realidade!
Basta de "metades"!
*   De "metades" basta!*

A noite
me chama

m

Mortes, quantas,
tantas, antes de morrer
uma vez só.

XV
Entressonhos I

Alguém
sonha comigo
enquanto
eu sonho com outra e
ela com outro
em elos concêntricos
oniespirais
como os raios da roda ao
acelerarem
se perdem dentro de si mesmos

no círculo lúcido de um anel
cujo centro
— em todas as partes e em nenhuma —

irradia em todos os sonhos
e concentra o sonho de todos

n

Desvelar-se com ela
      uma noite inteira
Despi-la   Despojá-la
      de seus íntimos véus
Penetrá-la   Parti-la
      em duas — chia, puta! —
Entressonharmo-nos juntos
      e ao amanhecer
Vê-la com outros olhos
      antes de ser tua morte
      — e minha

XVI

A entrada no sonho por sua porta falsa
                        o entressonho
é morte múltipla e letra latente
            meu rosto/mil rostos
                  em incêndio

espelhos diante de si
                  em fuga
na cifra infinita
            de minha fugacidade

nh
Entressonhos II

O centro do sonho foi
irradiando
           bem além
de seu círculo

e o anel tornou-se
leito de rios
           e os rios foram mares
e as ondas dos mares
           espuma de tinta
confundindo sua marca en-
                      tre
as areias suaves da aurora

XVII

O Gato Schrödinger não aparece no interior de sua caixa, metade vivo e/ou metade morto. Está *totalmente* morto e *totalmente* vivo. Melhor ainda: sete vezes vivo, sete vezes morto.

O

O que é mais fundo que tua múltipla raiz histórica e cultural? Tua raiz branca.

XVIII

Houvera, houvesse,
tempo intacto
soma de histórias
sem história
a imagem que ainda
apalpamos
      — no entressonho —
a morte que me possui
      e eu possuo

p
Morte simultânea

Reconhecer em ti mesmo
*   simultaneamente*
as sete mortes do gato
é um reflexo de pupila
um broto do sol
*   multiplicando-se*
pela calçada noturna

XIX

Estendo as duas mãos da história e
vejo em suas palmas:

as linhas da morte-vida
da vida-morte
a linha contínua do amor
ao poder

e um caos de riscas-garatujas
que vai incidindo e cortando o curso
e discurso dessas linhas

q

O universo sempre está um número antes e uma letra depois da lógica e das equações de seu esquadrinhador

XX
O dado

O lado oculto boca abaixo
do dado
é a cifra par de teu acaso

A vida
(mesmo circular)
detrás de tua máscara
tem a forma de
um dado
(sem arestas)
de sete caras

Lança teus dados — um livro
também é um dado — sobre
as folhas brancas da vida
e
reconhecerás a um mesmo
tempo em uma tirada só
os lados todos do dado

r

*Este objeto, que em detalhe observas: invertendo-o
primeiro em teus olhos, virando-o depois em tua mente*

em outra volta

*se refaz como um objeto qualquer e torna-se sem alcance
para teu olhar*

XXI

Após a miragem
de meu corpo
a rever
          beração
de minha mente

S

*Finalmente, encanta-me reconhecer-me na falsa
modéstia de uma mancha de tinta espandindo-se pela
soma de seus lados possíveis — e não arribando em
parte alguma — farejando aqui e ali enegrecendo a negra
solidão apalpando com seus pequenos tentáculos as
tentações do vazio rasgando com suas unhas de
imundície os poros desta folha, indelealva finalmente.*

XXII
Voz de vida

Ter a morte bem dentro
 e fa
  (la
   la)
    lar-lhe
— com as sílabas do silêncio —
sobre a vida maravilhosa

t

Expírito, talvez seja no homem esse equilíbrio-resto, entre seus estágios físico, quântico, mental.

XXIII

Haveremos de nos perder
                amor
nesta volta nesta
última
        meta
morfose?

u

A rua que durante anos cruzaste
em qualquer instante ou neste mesmo
dá volta em U
                e te cruza pela metade
atravessa por ti

XXIV

Expiro em espiral
entre
a morte 7
        e a vida 8
do gato

V

Tudo é
    e torna a ser
ensaio-repetição
velho retorno
    do novo
volta-final
primeiro instante
— e segunda morte

XXV
Onda

A palavra   sua crista
       em   minha palavra
             seja reinvenção
     sua funda afine   do murmúrio
        o silêncio   da morte

W

Em realidade, ou na outra metade de tua realidade, os fatos
alternados de tua vida, do primeiro ao último e do último
ao primeiro — os passos falsos ao longo de caminhos certos, as
luas recuperadas do naufrágio de teus sonhos, teus poemas
sem lápis ou palavras, a cifra que enquadra teu círculo, tua
era interior, teus sonhos realizados e esquecidos, a soma
do coração, suas palpitações em teu amor único, poessível
— sucedem, estão escrevendo-se em um ponto X, onde
convergem e cruzam tuas linhas presentes de vida.

XXVI

De meu nada sou breve alu
     cinação
desvio interrogante
em seu olhar
        lúcido
   esquizo

X

*Escreviver o (im)poessível, tal seria,
sem mais.*

XXVII

> Tu devesses extinguir teus olhos antes que
> se extinga o sol, para deixá-lo aceso.
>
> Antonio Porchia, 1943

Escritura sou

e nesse universo inteiro

que se abre para mim

ao fechar os olhos

(ou quando alguém

me vem fechá-los)

                    ali

em sua obscura

                transparência

me s o l etro

Y

No tempo
    de meu deus Cronos
aposto-lhe
    a reverberação
de minha mente
    suas ondas altas
      a Crista
de meu pensamento

XXVIII
Ciclo

Do céu chovem homens
                    gotas de pó
aceleram partículas para decifrar
os acontecimentos cosmológicos entre
o bilionésimo e o centésimoa de segundo
antes do big-bang
               plantas
levam microchips ocultos na base
de seus talos para detectar quais buracos
negros nem sempre são negros
                      peixes
calculam o final do tempo $^{(-30)}$ ao
tropeçarem em alguma curva do espaço
curvo com seu antipeixe imaginário
                         aves
invertem e unificam as quatro forças
do universo para poder retornar a
seu lago e a suas árvores
               herbívoros
fabricam armas pós-fissão nuclear para
exterminar seu vizinho — o inimigo milenar
devorador de relva — que desta vez
não sobreviverá

                    a morte
vai ao salão de beleza e se indaga por que

crescem os cabelos as unhas os calos e o que se
passa com eles depois de serem cortados
                                        homens
chovem do céu

XXIX

Pôr o universo com
suas galáxias estrelas buracos negros
tempoespaçocurvo
x dimensões sonhos luz
a mente de Deus
               em meu dedo anular
e escrever tudo de novo
o poema
       o universo

Z

Penso em negro em
manchas de tinta no
centro da cebola
      em teu rosto
      fugaz e infinito
enquanto vou entre
    devorando-me
com meu nada

Livro II

O gato no alto

A Rosela, pela lua que ouvimos miar

Lua gatuna

Sou o gato
no alto
jogado do teto
do mundo

que entre tombos
a torto
e a direito
caio sempre de pé
aluando
teu sonho profundo

O jogo do gato

I

Não detenho minha queda
não altero o mistério
da gravidade
porém troco a morte
por vida

II

Invertido
perfilo minha descida
e em um miado
faço um giro
no ímã terrestre
Caio
como quero cair

gotas do rio: holografias

A explosão
do instante

a
Instante

Gota que perfura
a dura pedra…
e o próprio rio

I
Homem em
ziguezague

"Who are *you*?" said the Caterpillar.
Alice replied, rather shyly: "I...I hardly know, Sir, just at
present... at least I know who I was when I got up this
morning, but I think I must have been changed several times
since then."

Lewis Carroll, 1870

Um homem, em cada momento, muda, transfigura-se, é outro. Mesmo sendo quem é, nunca é igual a si mesmo, nem o é para outra pessoa, mesmo que essa pessoa seja seu filho, sua mãe ou sua esposa.

Seu caráter e sua marca digital o delatam e individualizam, porém seu ser — que é água, mas é também fogo e vento — vibra numa torrente e numa contracorrente de metamorfoses que o transformam até sua figura final.

Diverso em si, um homem ao longo de sua existência é outro homem, inalcançável, auto-similar, em eterno ziguezague: a clonagem incessante de alguém que já não é ele.

b

Quando acerca de um acontecimento transcendente em tua vida exclamas convencido: "Não devia ter acontecido assim, mas sim desta outra maneira", enquanto assim o expressas com a voz solitária que pode ressoar entre as paredes do coração, tal acontecimento ocorre nesse momento, em algum lugar de teu espírito e em um tempo imagi-real, exatamente "desta outra maneira".

Os ciclos da realidade são totais-poessíveis.

II
Meio-dia

No zênite da rua entrevejo
ao longe a figura de alguém
       — alguém que não pode ser
       senão tu
O vento leve manipula os fios
que te trazem para meu lado
o ímã de teu olhar desvanece
       qualquer distância
       e o asfalto ensaia
uma última reverberação

Finalmente
quando passas junto a mim
tu não és tu
       — talvez somente alguém
*(Na medida em que te afasta — o mar
volta a ser deserto vermelho)*

Porém no instante zenital em que
desdobrando tuas asas
       voavas a meu encontro
soube que eras tu
e foste realmente tu *amada*
— e eu fui teu

c
A volta do instante

Regresso ao sair
  saio ao entrar
    entro (abro a porta ao
      fechá-la) *ao partir*
        parto ao voltar

        Ao partir meu instante
        de volta estou aqui
        — por ti, amor —
          neste mesmo
          instante

III

As utopias mais belas nunca morrem: o homem, utopia do homem.

ch

O Galileu Galilei do século XVII disse ao ouvido do Galileu Galilei do século XXI: "Não tentes uma nova casa: tua morada é tua mirada".

IV
Uma pegada
adiante

Os caminhos e as pegadas que deixamos atrás de nós não pertencem de maneira exclusiva aos territórios e formas do passado. À história, para ser história, teríamos de conjugá-la também com os verbos e seus pronomes em tempo presente: sou, és, somos: hoje.

Mas nosso presente pareceria dividir-se em cada momento, movendo-se atrás de si, como sua própria sombra branca, jamais se deixando alcançar.

Os fatos da história, então, para abarcá-los em toda sua extensão e analisá-los em seus múltiplos estilhaços e fragmentos, teríamos de vê-los ou vislumbrá-los, ao mesmo tempo, do instante seguinte, ou seja, um passo adiante deste momento, nessa zona incriada que não é presente nem futuro, porém é tempo e invenção de tempos.

Dessa maneira, a relação histórica de um acontecimento seria conjunção e intercâmbio de momentos, soma de histórias, inventário visionário e reencontro de visões.

A história seria mais nossa.

d

"*Sou homem morto*" *é a frase que exclamo* — *quase a canto* — *ante a morte… antes que a morte diga e me cante, entre silêncios: "És homem morto".*

V
O delicado fiar
de teu olhar

Saio ao encontro de teu olhar
e ao nos vermos
    nos vemos
com encanto e estranheza

No rio do tempo
que de ti me afasta
não há margens entre
o vão de minhas mãos

Enquanto teu olhar chega
    ao meu
o mundo girou uma fração

E quando meus olhos
encontram os teus
é outra a cor da chama

O mundo os rios o fogo de teus olhos
    são outros   e   os mesmos

Medida exata do meu
ao entrar em teu corpo
vejo duas vezes
    o vazio

E teus cabelos são sonhos
de tinta
    entretecendo
os fios brancos da lua

No fiar delicado de teu olhar
descubro o ponto cego
um umbral oculto
onde nos inter
penetramos

e

Ao tentar medir um fóton, ou seja, uma partícula de luz, um físico atômico deve atuar sobre ele mesmo e, ao fazê-lo assim, acaba por destruí-lo.

Na busca das dimensões exatas do fóton e de outras partículas subatômicas, os homens da ciência medem apenas o vazio.

VI
Entretempo

Relâmpago subterrâneo que parte
o sonho pela metade
    flama suspensa
entre a morte e a memória
    que alcança
o presente fugitivo
    da caça
à sombra caçadora
    e incendeia
em uma folha da árvore
o bosque em movimento

f
Três mais um — alguma vez —
são quatro

1 Buscar três patas no gato
2 é uma maneira de saber
3 que na verdade tem três
patas e outra: uma quarta 4

VII
O efeito poessível

> Pode o bater de asas de uma borboleta
> no Brasil desencadear um tornado no Texas?
>
> Edward Lorenz, 1961

Se as asas desta borboleta
— segundo a teoria do caos —
provocam que a Terra
se abra em duas
           e se torne inferno
no outro lado do mundo,

o que ocasiona o traço de uma
dezena de linhas, o vôo breve
de um poema, a queda em sombra
de uma folha?
           podem criar
um abismo ao contrário, outra letra
na escritura do universo,
minha tatuagem sob tua pele,
um bosque com doze versos?

Qual é o efeito de um instante
intenso e amoroso?

9
Expaço — ou o sítio do tesouro

Habitar este espaço como se fosse o sítio procurado (o lugar onde alguém escondeu o tesouro), integrá-lo a ti e integrar-te a ele mesmo na fugacidade deste momento, é estar em qualquer lugar do mundo e nessas linhas que são ponto e guia pela curvatura de tua estrela

no centro oculto

meu sítio X

VIII
Diálogo I

Um diálogo não é somente palavras e gestos, também é espaço e conjugação de tempos. O espaço são formas nas quais flutua e se desdobra o que chamamos linguagem, ou seja: certas vibrações do tempo.

Em um diálogo, as palavras podem ser claras e precisas em todas as suas letras, de A a Z, porém, se duas pessoas falam entre si, mas cada uma o faz desde um tempo-espaço divergente, sem vias de cruzamento ou alguma estação paralela, suas vozes não serão o melhor meio para seu entendimento, o intercâmbio de idéias ou opiniões e, mesmo, para um possível desencontro, nem sequer como um choque espectral de trens no interior de um mesmo túnel.

i

Diálogo II
Noli me tangere

Tão familiar e tão estranho é ouvir dois homens papo-papo-papo entre si, e ao porem ambos um ponto final em sua conversa, que estranho e que familiar é vê-los erguerem-se de seus assentos, íntegros, de corpo inteiro, idênticos àquele par de homens que iniciaram um diálogo e que não foram tocados, finalmente, pela pétala de uma palavra.

IX

Estes espaços ininterrompidos que meu corpo habita são ondas e cristas de uma grande corrente, permanente e mutante, que permite que meus espaços sejam, como a água, sempre iguais e não sê-lo nunca, "nem de novo nem sucessivamente, ao mesmo tempo".

São os leitos no rio-mundo de Heráclito, no qual — mesmo regressando ao sítio em que agora estou ou não me movendo mais deste pequeno espaço — não posso me banhar ou permanecer duas vezes por igual.

h
Ready Made

Ao final de sua vida, dizia-nos o pintor Marcel Duchamp: "A arte é uma mera ilusão".

E o amor, hoje agregamos, é arte dupla: a flama de teu corpo, as águas de tua alma, dão forma a meu espectro: ilusão que reverbera.

X
Lula G

> We really don't know where they live;
> we only know where they die.

Conhecemo-lo de corpo inteiro quando caiu ao acaso — e com freqüência sucede — nas redes de profundidade de pescadores, que não andavam precisamente atrás de caçá-lo.

Seus 17 a 24 metros de comprimento, que o convertem no maior dos invertebrados, e seus olhos gigantescos, como uma cabeça humana adulta, cujo tamanho sem dúvida evoluiu para sobreviver em meio às trevas, são signos do grande símbolo que em si representa o oceano e seus abismos insondáveis.

Vazio dessa tinta negra que solta ao se sentir perseguido e ao saber-se na via irreversível da morte, com o par enorme de tentáculos e suas ventosas poderosas saindo por entre os buracos visíveis da rede — mais um coração três vezes morto — não é a lula gigante.

Essa massa gelatinosa, imensa, desengonçada, nada tem que ver com o animal fantástico que se desloca a uma velocidade vertiginosa pelas regiões mais obscuras do planeta.

Figura em solidão do mar imaginário, ali onde habitam os corações de sal e se estendem os desertos sem sol, seus dois grandes olhos formam, por trás de sua mirada abissal, um círculo perfeito.

k
De costas

Caranguejo — afinal
entro de costas
no olho gigante
da lula

XI
Invenção do fogo: o instante

A luz é uma partícula/onda
e tempo.

Desde sempre, sabemos que é divisível em si mesmo, que pode se somar e, sobretudo, como faz de nós, número a número, um simples resto

mas ninguém nos disse que podemos duvidar do resultado das três operações básicas — soma-resto-divisão — do velho deus kronos e menos ainda aprendemos, ou o esquecemos, que é possível fazer do instante que passa, um número infinito.

como fazer deste preciso momento, único e irrepetível, um ser múltiplo de si mesmo, sem divisores nem restos mentais, em expansão afim e sem fim até outros tempos — próximos e distantes, meus e teus.

como roçar os centros do instante para cima e para baixo [em sincronicidade] para frente e para trás [com sua raiz dupla], até fazer brotar a faísca

que inicie o incêndio

do mundo em uma partícula do tempo

flama em cascata de

uma queda única

nosso fogo novo

fonte em origem

gota inesgotável

o instante

j
An

    Eu

      Rio

        de rios

fluir constante que

me transcende

     no antes

me antecede

     como depois

me submerge

     e amontoa

até o centro de

um novo anel

XII

> O espaço está composto de uma
> estrutura semelhante à espuma.
> John Wheeler, 1979

Quando me movo deste sítio a outro, quando dou um par de passos, que tanto é o que realmente me movo, que tanto me afasto deste sítio, que tanto o próprio sítio se move, afastando-se de mim?

Quais são os graus de interação, os pontos de intersecção, qual é o eixo, qual o entorno?

Levo comigo este espaço ou giramos, acaso,
como a Terra e a Lua dos mares
giram entre si?

I

As mudanças em meu rosto — as linhas do acaso —
entram em um jogo recíproco com as regras e
os fundos duplos do espelho

> *Ao final te vejo e me vês*
> *na mesma transfiguração*
> *— o rosto da lua*

XIII
Lula em sua tinta

> Vazio dessa tinta negra que solta
> ao se sentir perseguido e ao saber-se
> na via irreversível da morte...

Ao escrever

    o poeta-lula

através de seus pequenos tentáculos

expele essa tinta negra

    — às vezes luminescente

que por um momento turva

as águas mais profundas

    (A poesia é

deste modo uma forma de burlar

a tenaz perseguição...

de retardar

    por mais uma noite

a última transparência)

II
Contra
l
i
n
e
a
r

Quando teu tempo se encontrar

choquefissionerebenteemcadeiatransbordesuasprópriasmargens

com teu tempo imaginário

qual será teu tempo real?

onde resta tu agora

neste agora?

XIV
Diálogo III

Dois homens conversam entre si com alma e coração, mas seu diálogo resulta monodual, um monólogo a duas vozes

um se expressa com base em partículas, enquanto seu interlocutor fala com vozes que são ondas — ambos articulam o mesmo idioma e entendem perfeitamente as expressões de seu companheiro

quando um emite uma palavra como onda, o segundo a recebe como uma partícula, e quando aquele lhe lança pesadas partículas, nos ouvidos deste penetram como ondas velozes e contínuas

ao final, após um par de redondas horas, no momento em que suas vozes coincidem em uma mesma corrente de onda, as palavras de um montam-se na crista de sua onda e as do outro vão no vale da sua e, ao encontrarem-se, se anulam

m

Entre tua forma fetal
e tua figura final
       (no outro útero)
há apenas um passo

uma ponte pendente
sobre dois sonhos
— com um céu
       de diferença

XV

O mundo está sempre aí
tecendo-destecendo-se
nos olhos de algum homem

que aparece-desaparece
segundo o olhar do mundo

o que será do mundo sem o fio
destas pupilas
        quem sou
agora que o mundo
já não me olha?

n
Aromar

Estou no centro e na aura
de teu centro
              —girando

Cruzo com teu olhar
              e fico ali
— não saio mais do outro lado

Morro na ida e aprendo
a ser fogo
              contigo
sob a pele do inferno

És o aroma do mar
              A espuma do amor

XVI
Homens, peixes — e rio

A corrente cria seus leitos
      Os leitos guiam
a água em seus caminhos — a via
que o acaso vigia

      Como um peixe
o homem brinca fora da água
sustenta-se pelos ares
      na leveza breve
      da linguagem
e logo submerge-se

Cada leito é sua nova casa
      Seu tempo
os reflexos em que sempre nada
em contracorrente

> *As ondas do rio alisam*
> *a pedra da margem*
> *porém a pedra desvia*
> *o curso das ondas*

Tomo água do rio

Por entre o vão de minhas mãos
Fluem

o rio interminável
e a mente de Deus

Bebo minha transparência

nh

Saber-me homem morto

sabê-lo

com a sabedoria

a ruptura cadente

de minha estrela fugaz

que cruza a noite

do deserto

O relevo
do invisível

No princípio da década de 1980, físicos atômicos isolaram pela primeira ve uma partícula subatômica, o elétron, e "encarceraram-na" ao longo de quase um ano no centro do aro de um anel, com o objetivo de conhecer e decifrar esse mecanismo mediante o qual esta partícula de imediato salta de sua órbita definida, ao redor do núcleo do átomo, para uma órbita superior.

Usando raios laser, neste microcosmo, os físicos "excitaram" um elétron e foram testemunhas de seu salto quântico até uma órbita maior, por uma vida curta (dez milionésimos de segundo) ou durante uma vida longuíssima (uns quantos segundos), antes de regressar a sua órbita original. Esta partícula desaparece em um ponto de seu trajeto e aparece em outra órbita, ou seja, deixa de existir em uma e, simultaneamente, começa a existir em outra.

A comprovação experimental deste salto momentâneo do elétron até um novo nível é uma das respostas da ciência física de finais do século XX, em sua árdua busca pela estrutura interna da matéria. Do mesmo modo, podemos considerar tal experimento como uma dessas perguntas que abrem com um sinal de interrogação (¿), mas que não se fecham com seu sinal par e inverso (?).

XVII
O salto

Na reverberação de tua pele
— envolvendo-me em chamas

Meu expírito — estrutura zero — eleva-se
construindo o salto do elétron

nos umbrais do sonho
— porta que abro ao subir e descer
pela escada do caracol

pela última espiral de um segundo
[1-10] até uma órbita inesperada

roçando na crista da onda
com suas unhas brancas
o ponto G do meio-dia

após o intercâmbio do tempo real
com seu instante imaginário

na explosão compartida que
nos reintegra ao caos original

antes de regressar ao cerco do anel
e a nossos sonhos de areia

Somos espuma

p
Invenção do fogo:
a palavra

Escuto uma implosão
no branco interior
desta folha
        a chama
em minhas gemas
cresce

XVIII
Levezas

Não sabemos os segredos do vôo
a asa de um pássaro
                    gera
uma onda no ar
que faz tremer uma folha
que arranca em raiz a sombra
de um bosque
                    ao vibrar
um sopro do tempo
que empresta seu vôo
ao pássaro
            a outra asa do ar

q

O homem é um signo no grande signo do tempo, quantos não são os significados que geram um único signo!

Tantos como são as sombras de um homem ou os sonhos de lua que chegam a morrer no mar.

XIX
Circularidade

No entanto, as sereias possuem uma arma
muito mais terrível que o canto: seu silêncio.
FRANZ KAFKA

Mil homens explodem no centro do coração de sua cidade ou amanhecem sob as toneladas de escombro da alta torre ou são a medida exata nos alvos de uma ogiva inteligente – ou uma mulher apenas e um homem apenas, ofertam a vida entre si, entregando-a ao outro em sacrifício para fazer mais leve ainda a verdade do amor.

Os mil homens – de igual maneira que esse solitário coração par – não deixam o mundo ao mesmo tempo, na sincronicidade de um instante: cada um parte em seu momento e chega por sua vez à mesma direção final – numa assincronia última do simultâneo.

Embora a morte pareça seguir seu caminho único ao longo de um túnel, que vai se tornando poço, um homem leva em si um círculo sem fechar (*o tempo* próprio de seu tempo) e ao encontrarem-se suas linhas nesse extremo onde se entrelaçam vida-morte e morte-vida, descobre um ímã no poderoso canto de seu Anjo-Sereia.

Escuta a voz de tua Sereia
Decifra os silêncios de teu Anjo

Little Big

Entre as explosões que deram origem ao universo, há uma que ainda não se produzia... Há um big que não faz bang... Um fragmento deste universo que ainda não é... não ex.

XX

> Padeço uma enfermidade: vejo
> a linguagem.
> Roland Barthes

No espaço entre duas letras há uma terceira
— letra que concentra o alfabeto inteiro

Entre um número e outro há um zero
— signo do ínfimo e do infinito

No tempo que transcende meu tempo
neste instante que já não é meu
                        há um vazio
que nesta página enfrento

Nos brancos de minha letra branca — no número
que me resta: o zero
                  vislumbro a letra infinita
de meu alfabeto?

S

Em 1990, o físico David Bohm expressou: "O elétron, se consideramos que responde a um significado de seu entorno, está observando o entorno: faz o mesmo que os seres humanos".

E um homem, em correspondência, não faz o mesmo que este elétron, não sai de sua órbita e ao deslocar-se cria, inesperadamente, uma órbita diversa?

Na parábola de seu microcosmo, não se move pela hélice dupla do sonho até esse aro — negro e luminoso — de sua estrela?

XXI
Multiverso

Ser e saber-me parte do nada
           e do absoluto
é o impulso para contar outra vez
           (a partir do zero)
uma história paralela e sem par
           deste universo

Quantos são os zeros
— à minha esquerda ou à minha direita —
que do Grande Zero

me separam?

XXII
A segunda
flecha

A flecha do tempo leva um curso próprio, cuja direção não pode ser detida, alterada, nem invertida. O físico Paul Davies escreve em 1985: "Não há maneira de mudar o passado... as flechas de uma direção fluem com o tempo". E a direção do tempo não corre para trás, de modo que ninguém pode empreender fisicamente uma viagem até o passado.

Mas se não me é possível regressar os ponteiros do relógio nem devolver a flecha do tempo ao mesmo ponto ou ao arco onde se originou seu impulso, posso, sim, realizar uma viagem através de um tempo-atemporal (*o imaginário, o houvera*) para compreender precisamente meu tempo total.

As flechas do tempo e de minha história
encontram seu alvo

u

O dois é um número perigoso — adverte-nos o matemático C. P. Snow. E quão perigoso não é o número zero, tão insalvável meu zero duplo?

XXIII
A rachadura
não visível

Um elétron, partícula carente de estrutura interna, ao chocar-se contra uma placa de metal, pode não obstante atravessá-la e o faz por um par de rachaduras invisíveis, dividindo-se em dois — um de 33% e outro de 67%, aproximadamente —,

Em minha passagem pelo morrer-amar: que tanta é a divisão, quais são as porcentagens de meu espírito em sua travessia, simultânea, por cada uma dessas rachaduras, fundas e invisíveis?

e reintegrando-se como um único elétron ao sair, ileso e completo, do outro lado da placa.

Diante de meu muro duplo, inexpugnável, choco-me contra o mesmo e pulverizo-me ou saio do outro lado, pela rachadura não visível, sendo r. m.?

W

Dois seres arrastados por duas correntes intensas e contrárias em um momento de seu devir oposto, podem cruzar-se, chocar-se, anular-se e mesmo terminar confundidos

não se salvam sem dúvida de afogar-se em sua corrente — contrária —, porém, ao enlaçar-se ambos, por um instante, suas gemas podem reconhecer na outra pele a tatuagem de suas próprias marcas

XXIV
Passagens

Tua história, em qualquer tempo: em todos os seus fragmentos, é passagem em um caleidoscópio, que ao observá-la — dando-lhe voltas pelo olho de sua lente — conforma jogos e fractais, geometrias novas no tempo, tua outra história — inapreensível entre teus dedos.

V

O mar inteiro
em uma crista de espuma
se aloja
         levanta vôo

XXV
Os buracos
da muralha

> Que defesa pode oferecer uma muralha
> descontínua?
>
> Franz Kafka

Com o abc de teu monólogo e o xyz de meu alfabeto
em diametral diálogo vamos fechando   alguns buracos
imensos

pedra

sobre pedra

que os laboriosos exércitos chineses não construíram
entre os 4.500 quilômetros   da Grande Muralha

pedra

que é envolta por papel

para preservar-nos do vizinho interno nas máscaras do
espelho

papel

que é cortado por tesouras

Ali por esses buracos repletos de sombras e palavras
nossos deuses-diabos   não passam mais

tesouras

conformadas-afiadas

pela pedra

c²

Um segundo não é apenas um segundo,
é também um intervalo
que compreende 300,000 quilômetros.

Uma fulguração sem-fim
inseminando sempre
os buracos deste espaço
com sua própria luz

XVI
O anjo da M

De soslaio, observo sua espreita constante, mas não localizo sua posição.

De momento, preciso seus pontos de posição — o resplendor de sua retina —, porém não consigo delinear seus movimentos.

No meio da noite, vislumbro o matiz onde se dobra toda sua nudez... e um feixe de lua rasga a cortina.

Sonho com ela como sonho com as mulheres que são minha mulher e sinto-a então me penetrando, fria e silenciosa, como a umidade filtrada por entre o pó e as paredes.

Entra pelas plantas dos pés, apodera-se de ambas as pernas, paralisa um braço, mordisca alguns órgãos internos, enegrece a luz escassa entre o mundo e meu olhar, vai queimando uma a uma as naves em meus dedos, prepara o assalto final ao coração, seca meus rios, devasta-me, desbasta-me... mas há um sítio onde não chega.

No ponto de ruptura
                trocamos uma palavra
                        alguma idéia
                                um par de letras

        Mente x Mente
        penetro em minha morte

Y

... no agora
de minha hora

Instante que quebra
o cristal do instinto

Horada
na hora

Sou cinzas
em meu zênite

Regresso à raiz silente

XXVII
O ponto
sobre o Y

O copo meio cheio ou meio vazio
resvalou de tuas mãos,
mesclando-se no chão
a água, os cristais e o vazio.

Não há dilema: apenas ser e não ser.

X

Escrever não é reunir letras
                    é ir
apagando-as
até obter o relevo do
                invisível

XXVIII — Z
A folha em
branco

"Nada por aqui... nada por cá"

E as manchas de tinta iniciam uma tênue aparição e sua expansão caótica e transbordante pelos leitos desta folha

— um branco em movimento

São silhuetas de letras sombras em relevo fantasmas em sua fase terminal as primeiras garatujas onde inicia e conclui toda escritura a crista da onda que vibra ainda na espiral do caracol um elétron saltando no vazio e dizendo-nos em um segundo (menos dez zeros) que não há tal vazio um gato encerrado metade vivo: metade morto contando-nos seu último sonho quântico reflexos do tempo presente que é presente na implosão do instante o houvera: conjunção de verbos e silêncios a folha da árvore que em sua queda arrasta o bosque inteiro minha chama que saber nadar somente em teu fogo gotas do rio: holografias do poema que agora escrevo com tua mão

Formas flutuando: expírito de Deus

Para o poeta — a única folha em branco é seu próprio nada

Poemínimo

Sobre
os ombros
de gigantes

(como o bom
Newton)

ainda — diante
de tudo — não saio
de meu escombro

Livro III

Escrito no sonho

trans
lúcida   forma
trans
forma   em luz
sua outra sombra

não são letras
o que escreve
o poeta

Déjà écrit

Enquanto escrevo, de algum ângulo de minha alma alguém escreve tudo aquilo que até o fim-final hei de escrever

Meu trabalho é destecer e entretecer os textos que são escritos por alguém, escrevendo cada uma de suas linhas, por igual ou pela primeira vez, no espaço-instante desta folha

Até sua última letra, seja vazio, seja alma

Ímãs

Uma imagem imantada
       se estende por
nossa terra interior

Integramos a declinação
       magnética
os pólos opostos
de um sonho

A poesia é ímãluz

códigos do nada:
senda de sereias

Magnetismo

A Jorge Aguilar Mora

O tempo é um campo magnético.

Os instantes fluem: são forças que se expelem e se atraem entre si. Os fatos na vida de um homem ondulam pelos ziguezagues de sua história presente ao mesmo tempo em que suas marcas por vir reorientam a agulha imantada de seu passado — um passado por vezes remoto, anterior não ao seu próprio nascimento, mas sim às origens do homem.

Um homem é um fenômeno-causa de outros homens. Mais do que uma causa, é um leito de caminho incerto, no qual, não obstante, confluem os ritmos da natureza e se incorporam as histórias todas do homem — inclusive aquelas que ainda não viveu.

O homem não habita o mundo: entre o pólo geográfico de seu coração e o pólo magnético de sua mente, em tal pequena declinação, aloja-se este mundo e pulsam suas terras poessíveis.

Sua completude se dá ao reconhecer em si mesmo o anelar implosivo do verso e ao contemplar um lento desvertebrar-se de seu templo.

O ímã tato de teu final.

W

O olhar fora
do mundo de alguma
estrela
       fulgura
em teus olhos de homem

nessa piscadela
       lunar
umbral do sonho
ponto de partida
do poema

Certos passos

Olho o giro do mundo, a aurora no ocaso e ambas as luas do homem, porém, aquilo que admiro, amo inclusive, são essas histórias simultâneas à minha breve história, que transcorrem como criação de um tempo alternativo e diverso — transversal ao meu tempo

São passos em falso cujas pegadas me permitem desandar os caminhos andados, desvanecer os cerzidos não visíveis da morte e tornar a dar meus primeiros passos pelo mundo

Esboço

Raízes entrelaçando-se
no interior
da terra
       o amor
um bosque inteiro
que se renova
ao incendiar-se

Arbor

> Estamos cansados da árvore. Não devemos
> seguir acreditando nas árvores, nas raízes ou
> raizinhas; já nos fizeram sofrer demasiado.
>
> G. Deleuze / F. Guatari

Sem a copa arborescente, de onde
se desprende a maçã?

Sem a pegada da árvore, como abrir um
buraco (o meu) em uma gravidade nômade?

Sem os anéis do tronco, onde
encontro o centro do instante?

Sem as folhas serpenteando aureamente
ao redor de sua sombra, como
tentar a síntese de luz entre
a morte e o poema?

Sem a folhagem trêmula dos ramos,
por onde se filtram as manchas
do sol...
                incêndio de meu espírito?

Instantânea

Estância do instante
o poema
          um reflexo
          que se fixa
entre o fluxo
de tua morte

O arco do pensamento

O alvo não é um ponto fixo, tampouco um círculo fechado. Nenhum caminho se percorre em forma linear, simplesmente porque qualquer reta, a linha mais próxima entre dois pontos, dois acontecimentos ou momentos, se estende em um espaço teimosamente curvo.

Uma flecha se integra por uma reta flexível e, em sua ponta, por um triângulo firme, sendo seu arco — origem e desenho de seu vôo — um semicírculo unido em seus extremos por outra reta, a qual rompe com suas formas ao emprestar sua tensão à flecha.

Alcançar o conhecimento de algo significa arquear pouco a pouco o pensamento (entesá-lo-esticá-lo) soltando a flecha, no instante nítido, até seu alvo: o nó cego da transparência.

A breverdade (I)

Uma verdade primeiro é breve, depois é verdade.

*

Quantos são os olhos cegos, ai,
quantos os giros, que exige
uma só verdade?

As águas
do tempo

Dois são os rios que formam meu tempo:

Em um destes rios desloco-me de sua fonte até o mar e em outro rio — corrente do tempo — avanço em um sentido oposto: das ondas e das formas do mar a essas fontes que imagino originárias.

Vou do passado ao futuro pelas águas de um rio, porém assim mesmo "avanço ao contrário" pelas águas de outro, do futuro até meu passado.

E ao encontrarem-se ambas as correntes e seus leitos confundirem-se, sendo o passado futuro e o futuro tornando-se passado, como alcançar uma margem e repousar em minha própria sombra?

Templos

A Lêdo Ivo, em seus 82 anos

Quid est enim tempus...? Quid est ergo tempus...?
Exarsit animus meus nosse istuc implicatissimum
aenigma.

San Agustín, 426 d.C.

Fim

amente
o tempo é
afogo sem água

um agora incessante
e subterrâneo
desenraizando-se e coexistindo
ao longo do rio simultâneo

(nos tempos sem tempo flui
o mistério do tempo)

uma garrafa que à deriva contém
o toque abissal dos sete mares
e dos sete céus

porém cuja mensagem interior
ao se desdobrar ante teus olhos
é ilha deserta
oásis em branco

tua própria ilusão

que pares e partes em duas
por todo o caminho

uma versão deste universo
coluna inver
         tebrada
da arquitectura invisível-vibrante

o céu do cego
         que edificamos
no acaso dos sonhos

— e em um instante
nos transporta ao nada
por trás o vento de um olhar

não é a areia
não os números nem suas mãozinhas
mas sim o cristal translúcido do relógio

não é uma estrela
         é equação lunar
nas ondas deste coração

a idéia profunda
de algum deus
feita pedra nuvem
         — e tesouras

construção na magia
rio-anel que levamos
como uma segunda pele

— não é rio
esse murmúrio
sem pausa: a reflexão calada
de sua música

                    o tear
e os dedos de Penélope
urdindo durante o dia
                        essa trama
                        a mesma
que destecemos à meia-noite

é a alma avivada de San Agustín
transmigrando em mim
              sua interrogação
e a flama incógnita do fogo

és o que não és todo
o que eu sou
                    e não sou

oh tempo
raiz-árvore mental
o templo de meu expírito

π

Em um momento π, o físico fará equações como se escrevesse poesia e o poeta ao escrever versos inventará fórmulas, em uma correspondência, tão moderna e antiga, entre a palavra e o número.

A ciência e a poesia, entre si, redesenharão seus números e suas letras ao trocar, no jogo multihélice do universo, uma esπral: a rosa do espelho.

De tal maneira, talvez, o homem compreenderá a equação de seu coração.

XXV

Após transitar
pelos limites
do corpo
e de absorver-se
        — e transmutar-se
nas dobras
da alma
o veneno sai
pela gema de teus dedos
l e n t a m e n t e

escreves

Instante tal

Com tempo, os homens apreciarão o transcorrer de sua vida não em horas e fatos, mas sim com base em momentos e falarão de seu tempo como se fosse uma só unidade: a cifra inacabada do instante.

Não contarão mais os anos de sua existência como uma acumulação de tempo — da data de nascimento ao dia de sua morte — nem cortarão a linha interminável da vida por fragmentos.

No ensaio de outro olhar, perceberão seu mundo e a própria vida como a teia de uma aranha que, enquanto se entretece em bordados espirais, seus fios adelgaçam zenitalmente até que se tornem fios de luz.

A história do homem, seu rastro do universo, é criação dessincronização de um instante.

A breverdade (II)

Nossa verdade é um ponto
cego
    e em fuga
no olhar do sol

*

        O golpe seco e escuro
        — prévio e simultâneo —
        no traço do relâmpago

        é alumiação
           o estalido
        de uma verdade na

        pele de teu espírito

Auto-retrato I

Imagem de frente,
sem-fim — sem mim,
oh fractalidade.

Se toda sucessão de eventos no tempo tivesse uma estrutura fractal, nossa vida poderia ser um verdadeiro inferno. Cada instante conteria todo passado e futuro e viveríamos constantemente nossa morte... Se toda distribuição de matéria no espaço seguisse as regras da geometria fractal, estaríamos em todas as partes, seríamos o universo inteiro.

Vicente Talanquer, 1996

Auto-retrato II

Imagem inversa de mim,
enquanto escrevo sou
meu oposto semelhante.

Perfis e copa

Olhar — inclusive de lado
o rosto pleno da vida
vendo de frente
            cara a cara
o perfil obscuro da morte

reconhecendo
            no relâmpago
            de uma piscadela
todo o conjunto na
copa arborescente do amor

Luz lunar

Na entrada de minha casa derreteu o foco,
entre a porta e a rua solitária.
De imediato, busquei uma bombilha nova
e improvisei uma escada.

Já no último degrau, ao me dispor
a substituir um foco por outro,
entre as relhas do corrimão
apareceu uma lua nova

médium

de uma dança

ao gotear-se

em luz

entrelaça

os signos obscuros do cosmos
com os sonhos solares do homem.

Não mudei nenhum foco.

O

Ao acertar o alvo descobres na ponta da flecha
— em seu vértice mais fino e final — outro alvo
em movimento

A matéria obscura

> Tout ce monde visible n'est qu'un trait imperceptible dans l'ample sein de la nature. Nulle idée n'en approche. Nous avons beau enfler nos conceptions au-delà des spaces imaginables, nous enfantons que des atomes, au prix de la realité des choses. C'est une sphère (*infinie / effroyable*) dont le centre est partout, la circonfèrence nulle part.
>
> Blaise Pascal, 1670

De que está feito um homem...? O homem o sabe? Entre finais do século XX e princípios do XXI, os homens da física e da astronomia confirmaram o descobrimento do substrato primordial que mantém vivo e integrado o cosmos: a matéria obscura, que forma quase 97% da natureza do universo. É uma substância invisível ainda e desconcertante, cuja propriedade e forma, no dizer de nossos físicos, não correspondem de modo algum com a matéria que constitui as estrelas, os planetas e o próprio homem. A substância da qual somos feitos, concluem os cientistas, é 4% menor que a matéria que compreende este universo.

Porém o homem não somente é matéria e a própria matéria — segundo os conceitos da ciência — é algo mais que matéria. Talvez não sejamos feitos com elementos iguais aos do cosmos, mas ainda desconhecemos esse substrato essencial que permite a existência do universo e que significa a coesão constante do espaço sideral em mais de 96%.

O livro do universo e suas linhas dedicadas ao homem seguem sendo escritos em alguma folha inventada pelo vento.

SincroniaS
(Do A ao G)

A encontra-se no ponto A.
B permanece no ponto B.
AmBos se movem até C
— o sítio de seu encontro.

A passa ao largo e acima
dos pontos D, E e mesmo Ch.
B chega a C — duvidando se aí é
o lugar do encontro.

A confunde-se entre D, E...
Finalmente se perde em F.
B move-se por C: vai e

vem por seu meio círculo
sem encontrar outro meio...
Geralmente pára em G.

O terceiro olhar

A Felipe e Luis Carlos
"Raza de Azar"

À primeira vista aparece
como um objeto determinado
que enfocado em detalhe
se transforma em outra coisa.

Este segundo olhar lhe outorga
uma dimensão inequívoca e
seu nome de objeto singular.
Agora sei que coisa é.

Porém há um terceiro olhar
— ímpar — que desmente tanto
a verdade do segundo como
o sentido daquele primeiro.

Seu nome se perde em meu olhar.
Tão comum — como um livro aberto —
não sei neste momento o que é
este objeto que agora observo.

e
Energia obscura-crítica: Escritura

f

Longitude infinita
em uma área finita
o poema

Sombra
ilimitada
minha poética

XIII

Transversal ao curso
de meu tempo corre
um rio contrário

cuja corrente toma
nas águas revoltas
de todos os meus tempos

os atravessa e segue
seu leito subterrâneo
até areias profundas

onde o deserto
é ainda mar

Águia-Sol

A Carlos Rubén

A moeda do mundo
sempre está no ar
   em cada giro
   mudando

E em seu nível mais alto
antes de iniciar sua queda
   pelas escalas e
   serpentes do acaso

Fica em seu zênite suspensa

É vôo da águia-holograma de sol

Em poesia
poliniza-te

Na década final do século XX, entre 1993 e 1998, físicos quânticos experimentaram o intercâmbio a distância entre um par de partículas de luz, a teletransportação entre dois fótons. Mediando dois quilômetros entre um e outro, um fóton substituiu a outra partícula de luz — a ser esta destruída — sem haver se movido de sua posição original, sem percorrer um único trajeto do caminho.

O que se "transportou" em tal distância, dizem os físicos, não foi a matéria nem sua energia, mas sim a estrutura íntima do fóton, a informação primordial e precisa que o identifica como uma partícula de luz e que transferiu, no mesmo instante que o outro perdia essa informação, a seu fóton semelhante.

Aproximamo-nos da mente interna que flui e se cria no rio-rede da matéria, nesses códigos do nada que permanecem aí inclusive quando o objeto ou ser que em si os leva é destruído.

É uma das formas da polinização universal
é minha mente dispersando-se em si mesma
— substituindo a linguagem
de minha morte

Noturno

A Rubén Carlos

Uma estrela fugaz
                 guilhotina
a mente do infinito

o cosmos detém
por um instante
sua pulsação par

no coração da galáxia
o mar se esvazia
de estrelas e letras

uma noite sem lua é terra falsa
                 morte obscura
mas este universo
hidra e avestruz (animal
multiforme) se oculta
                 e brota
na mente de uma criança
que pensa um desejo para
si

e o lança ao infinito
quando por sua janela
entreaberta

vê passar
uma estrela fugaz

Pequena magia

A Gregorio Morales

A poesia é uma pequena magia.
Borges

Escrever é criar
sobre esta mesa uma
estruturada turbulência

formas finas do caos

— e sacar da manga
um feixe
de relâmpagos

Códigos

É possível que tudo já esteja escrito: na borda
transbordando de uma mancha de tinta
minha mancha similar
na pulsação mental
de teu coração ou nos códigos de uma partícula, cuja
hélice dupla — série de números e cadeia de letras —
combina e se entrelaça em um ritual sem-fim

Apenas nos faltaria, talvez, preencher esses espaços
(energia de obscura transparência) que restam em meio
a dois números e nos próprios brancos de uma letra

Alu
alumiar
a grande geração do zero — o DNA do nada
aqui   ali
a letra latente
seu pálpito em
expansão
para minha
palavra
par
arbórea
dourada cicatriz
ali   aqui
tua voz fractal
se revela
o poema
Deus

Clave de sol

> Ano 7,000 000 001. Este buraco, 2.5 milhões de sóis maior, começa a levar meu calor, porém nos últimos dezessete milhões de anos tive um reflexo — refúgio lunar de minha luz.
>
> Crônica do Sol

Vejo-me
no espelho alunissante
de teus olhos
para inteirar-me
que o Dragão Negro
— em meu centro Lácteo —
ainda não me absorve
que sigo sendo letra multi
verso e sol in

e

x

t

i

n

g

u

í

v

e

l

Universo
inobservado

Na ausência de observadores, nosso universo está morto.

Andrei Linde, 1994

à Causa Primeira sempre aspira
...e por olhá-lo tudo, nada via.

Primeiro Sonho, Sor Juana, 1685

"Vemos o universo da forma que é — de acordo com o princípio antrópico da física teórica — porque se o universo fosse diferente, não estaríamos aqui para observá-lo", reconhece um grande número de físicos. Porém o cosmos nosso, como é, é tal como o observamos?

O universo que hoje vemos é diverso em si daquele que veremos amanhã; o que do mesmo nos parecia ontem eterno e inquestionável, hoje nos parece um círculo sem centro. Há homens que se adiantam à flecha do tempo e à luminosa garatuja do relâmpago: concebem este universo com o espírito com o qual amanhã será visto.

Se não é possível que deixemos de observar o cosmos e de algum modo determinar suas formas efêmeras segundo os alcances de nossa visão, imaginemos por um momento este rosário infinito de estrelas — ou melhor, apalpemo-lo ao longo de um momento entre as duas mentes de Deus — antes de torná-lo fato nosso, em sua plena nudez inobservada: a versão alva do universo: um primeiro sonho.

r

Acertar o alvo é ver não
o ponto dentro de uma série
de círculos, mas sim uma serpente
enroscando-se em torno de um centro
que também está em ti mesmo

e ao acertar o alvo
— ao revelar-se o verso —
sentes a picada
de uma cascavel
        decapitada

O duplo i

A Floriano Martins

> A evolução do universo não foi na direção
> da degradação mas sim no aumento da
> complexidade.
>
> Ilya Prigogine, 1988

Vivemos em um universo finito, porém ilimitado
— é uma das frases que caiu como pequena pedra
logo nas primeiras águas de minha vida, cuja circunferência
continua se ampliando concentricamente.

Tudo o que é e existe, ou seja, o cosmos, tem fim,
mas por não ter bordas ou fronteiras, é esfera
informe, círculo crítico, incorpórea travessia.
Nos teares do mundo, entre as linhas de sua história,

o homem percebe a si mesmo sujeito
pelas redes invisíveis que encadeia os vazios
de seu espaço — mediante cerzido perfeito.
Mas o homem, qualquer homem, aspira a des

enfiar-se pelo olho-pássaro da agulha
e a pôr os pontos sobre o i: ilimitado/infinito,
ser, sê-lo alguma vez e para sempre, inclusive
no estalo final de teu universo finito.

Multiverso

Sonho em branco
                enegrecendo
meu universo inteiro

enquanto vibra
um mundo paralelo:
o coração da rosa

abrindo-se em par

Jogo

Como o instante te cria e recria
em cada instante

Como em um olhar o mundo se forma
                    e transforma
a partir de teus olhos

Como brotas de um falso nada
para voltar a ser nada

O que é a realidade senão um momento
efêmero e contínuo de criação
um estranho e mútuo ilu
                    nomeação
entre o mundo e tu
                    Tenho um delírio:
vejo vibrar nos limites de minha fronte
— a fonte crepuscular da linguagem

Se escrevo isto
                é porque ainda
não nasci

porque em meu alfabeto
        genético
— entre estas páginas —
há uma letra ausente

Estâncias

> He knows death to the bone —
> Man has created death.
> W. B. Yeats, 1927

Se nosso tempo-espaço é, antes de nada, uma construção mental adaptável pelo homem para integrar sua percepção do mundo e a idéia que tem de si mesmo, o que são as histórias desse homem — tua própria história — através do tempo-espaço?

São apenas os sólidos cimentos — cimento ou semente? — postos (um a um) por tua mente — e a minha — para a edificação nos ares desta tua casa, habitada por um deus-demônio e por um homem e seu holograma?

Se ao longo de sua curta vida, o homem vai gerando passo a passo sua própria rede de espaço e seu próprio rio de tempo, estará criando por sua vez as moradas de seu não-tempo infinito e de seu não-espaço ilimitado, antes e depois dele mesmo...

Meu automonumento

ao nada?

Crepúsculo

> Meus olhos, por ter sido pontes,
> são abismos.
>> Antonio Porchia, 1943

Como olhar,
sem morrer?

Todo olhar é um sol final.

Como saltar a linha
do horizonte até
outros sóis
      teus olhos?

Como te olhar,
sem morrer?

Última tomada

Alguém queimou — no
momento final — o filme
de minha vida

Meu passado todo se con
jugando no presente
não o verão estes olhos

Sem o filme não há sonho
para trás
               meu horizonte
é incalculável mar baldio

               cego por uma
               gota fulgurante
caio no interior da cratera
no zênite intenso de minhas palavras

Como me esvazio sem tua voz

Eπtáfio

Flutuando
me encerro
em mim
com minha leveza
em-ti-me-en

t

e

r

r

o

u

t   *a*

u   *n*

l   *d*

f   *o*

O zê

Em abril de 1989, ano de transformações no mundo, físicos estadunidenses conseguiram, com base no choque de partículas diversas, "caçar" uma partícula até então desconhecida e acaso incriada, batizada como A Z. Quatro meses depois, físicos europeus "apanhavam", por sua vez, este novo espécime subatômico.

A partir do nada absoluto, os homens davam um atributo novo à mãe natureza e inventavam outra realidade: a própria matéria.

Z

Quisera ver-me
com teus olhos
Roçar-me ao menos
com teus dedos
Agregar tua voz
a meus labios
e ouví-la em teus ouvidos

Envolver meu vazio
com teu corpo

Mudar meu tempo
por teu tempo
tua morte por minha mente

Inventar-lhe um latido novo
a teu coração

Abrir minha pele
e navegar em ti
nesta longa travessia do sonho

Mundos

Como deixar
        o mundo
fora de alguém

Como extraí-lo
        do olhar
de tua mente

Como trasladá-lo
        pelo X
de meu expírito

Como relevá-lo
com a revelação
        do mundo todo

Versões

> Na integral de caminhos de Richard Feynman, uma partícula segue todas as trajetórias possíveis no espaço-tempo.
>
> Stephen Hawking, 2001

O verso cria seus leitos
O poema é erupção
   silenciosa
de vozes e tinta

No campo diverso — sem limites
de uma gota do tempo
   o verso percorre
verticalmente seu horizonte des
dobrando-se pelo vazio que transborda
onze dimensões
   senda de sereias

  Os fios que tecem o som
  e os reflexos do rio — não é rio
  são histórias:
     um rio de histórias

  o cristal que ao se estilhaçar
  espalha ziguezagueante
     seu quebranto

  a seiva que na arvora vibra
     arborescência
  de um ramo do sol

a palavra altera a palavra

> *há que se lançar ao mar*
> *afundar mar adentro*

sinais de fumaça: cin

tilar de estrelas

> *lançar as redes*
> *de profundidade*

os signos oscilam

insones

ante o umbral do jardim

> *garatujar garbosamente*
> *em um relâmpago*
> *estes céus negros*

línguas de fogo sulcam a

torrente rubra/as altas cristas

de minhas veias

> *verter-me por teus lábios de lua*
> *abrir o mar/multiplicá-lo*
> *em cada um de seus peixes*

— a aurora e o ocaso de um único traço —

o sonho busca uma saída

um último desprendimento: *rasgar*

> *o véu abissal do nada*

a palavra exubera

e o coração do mundo dissemina-se
em concórdia com
meus corações todos

Todos os caminhos
se bifurcam
para confluir ao fio
deste caminho
o multiverso

antes de dar volta à página
antes de su[(b)]versão do invisível

e do abc final — minha morte
que agora soletro   e apago

O poema explode
escutas?
e ainda se expande

Ondualidade

Tudo começou com
um fran
      zido
na natureza:

uma partícula de luz
que é uma onda
e ao vê-la
      como onda
já é uma partícula

com minhas gemas entre luas
em um riço de sol
te escrevo:
      tudo começou com

Mundo

A R. Nevárez

Qual é este, nosso mundo, senão uma metáfora a mais — ou um simples ready made *— deste mundo...?*

Nosso mundo é uma fuga contínua do mundo — exclamaria j.s.bach diante de seu órgão.

(— Uma ondualidade da luz — celebraria v.v.gogh em sua longa noite de Arles.

— Um mero reflexo circuncidado — vislumbraria a.artaud em um charco de sangue, em sua montanha tarahumara.

— Uma voz escavada no pêndulo do inominável — cascas-castearia s.beckett.

— Um espa-PA-pa-PA-pasmo controlado — irromperia w.a.mozart após o estalido de um bigbang em sua mesa de bilhar.

— Uma letra no livro total — leria s.mallarmé e acrescentaria fora do livro: — porém sua alter-letra.

— Um Outro que não é Eu — meditaria a.rimbaud em seu auto-exílio em Harar. — Os outros homens-nomes que eu não pude ser — entressoaria f.pessoa em sua águafurtada do bairro Alfama.

— Uma biblioteca escrita por Deus e que o homem igual a reescreverá, linha por linha, na extensa página de sua história — argumentaria j.l.borges, apoiado em suas trevas.

Uma fugaratuja — corrigiria m.duchamp, sem erguer a vista do tabuleiro de xadrez.

Auto-retrato III

> o Homem... compêndio que absoluto
> parece ao anjo, à planta, ao bruto;
> cuja altiva bajeza
> toda participou Natureza.
>
> Sor Juana, 1685

Sou erupção na larva
instinto abissal no ramo

como uma planta
   deito raízes
no teto do mundo

como uma pedra
   me deixo cair
até o céu

sou magma no mar
   do amanhã
uma ondulação de luz e
uma partícula imaginária
   as origens
de todo ser na terra

minha matéria são mil mentes
 simétricas/contrárias
  simultâneas

tenho talo tentáculos antenas
garras plumas pólen unhas

sou o monstro cabal
                da natureza
sou homem

O encontro

É a hora do agora
O encontro projetado como um filme
Do momento em que nasci ao momento
em que agora morro:
                    o filme de minha vida

Sem cortes, os instantes todos
em um golpe de luz, relâmpago
do simultâneo

O universo é matéria obscura
e a taça que
                    tão bela
se espatifa contra o chão
desfazendo-se em mil aromas
retorna a seu lugar na mesa
                    e é apenas uma xícara
                    de café
Minha forma é o fundo

Aparece um segundo filme, ou é o mesmo,
passado ao revés, correndo em um sentido
contrário — da direita
para a esquerda.

Minha história contra história Minha
absorvendo-se entre si
na tela branca
             Vislumbra-se
uma última palavra

Desdobro as asas perdidas
             da transparência

Outra visão

Prevejo o que vejo e sigo
vendo-lo como se não
o houvera visto já
*   no houvera*

A mente evoca e invoca
        impulsiona-se
salta uma órbita adiante
        gira em-sonhos
quatro são suas aspas: passado
presente-futuro e o silêncio —
tempos que ao se acelerarem ao
neutralizarem-se nos círculos
do vôo
        me imobilizam nas
        altas terras
        do anjo
descobrindo o segredo*:

Minha vida cega é a visão
        do outro

(* Poema XI. Livro I. *Letra X*. Livro II.)

Anjo guardião

É o anjo silencioso da linguagem
que em mim delira
balbucia sílabas
deixando cair
o vôo negro de suas plumas
nestas letras

Gotas

Aranhas descem
em fios de água
e brincam

      luminosas

    — uma única vez —
pelas calçadas da noite
entre um charco

       e seu reflexo

É tempo de chuva

Auto-retrato final

Sou poeta do poema
que ainda não escrevo,
mas que está se escrevendo
na água, no ar,
na dura matéria,

nas asas da borboleta
que deixou de sonhar
que é um homem,
para sonhar-se apenas
como uma borboleta
em vôo.

Encore

Marcas

Escrevo para expandir
diante de teus olhos
os rios con
cêntricos
suas veredas invisíveis
a coroa oceânica
da rosa
cada pétala
é uma gema e uma onda
apalpando no ar
terras novas
algum segredo do abismo
em relevo

Escrevo
a marca digital
de minha mente

A chave

A Joaquín Cossío

Escolho uma chave, mas
não entra pelo olho
da fechadura.

Escolho outra semelhante
que se ajusta no olho,
porém não faz giro algum.

Do chaveiro, tomo uma nova,
uma que dá voltas
apenas para um lado

— recordo os versos: a chave
que fecha tua porta
não é a mesma que a abre.

Provo uma mais, ao acaso, e
finalmente o verso gira:
abro as portas do poema.

As Mães

As Mães!... Isto soa de um modo tão estranho!...
Que palavra é esta, que não posso entender?

Fausto

Filho sou
no pulso de kronos

O tempo é minha matriz
a mente nutritiva
que me dá luz
labirintos
e sombras
— e necessita de mim
para ser transparência
em plenitude
metamorfose em
uma escritura
imutável
multieternidade criadora
grãos... do... pólen
no coração navegável

Meu tempo é
o poema-mãe

Rosela

> ...'tis a heart,
> A heart, my lords, in which is mine entomb'ed.
>
> John Ford, 1633

I

Eu, o sacerdote da tribo,

incido nas capas

de tua pele profunda,

com o delgado jade,

e desperto tua flor dormida,

    donzela,

nesta pedra dos deuses.

Com minhas próprias mãos extraio

   teu coração palpitante

desenraizado entre vermelhas pétalas.

II

Cruzas a fronteira, amor,
mas em mim fica
o bater de teu aroma
          e o pólen,
pó do poema.

   Sementes de tua luz
me guiam por este caminho
      duro e escuro.

Agora levo por coração
   uma rosa infinita.

(r. m.)

Expírito ou a luta cega na rede das estrelas

Reyna Armendáriz González

Disse Yeats que "a vida de um homem é o vôo... sua luta cega na rede das estrelas". Esta última nota luminosa envolve à perfeição o ato de passear, não pela estrutura, mas sim pela deliciosa astronomia, a estética quântica de *Expírito* (Ediciones Azar), poemário do escritor, editor e tradutor mexicano Rubén Mejía. Não é fácil, certamente, revolver esses versos vivos e inteligentes, breves poemas, certeiros como uma fina flecha no alvo da página e da vida. Não é fácil, apesar de Mejía expressar em aparência algo comum na poesia filosófica e na filosofia em si: as interrogantes do homem sobre si mesmo.

Heiddeger dizia que "o homem é um ser que pergunta".

Mejía se empenha precisamente em evidenciar este traço distintivo do humano, porém em comunhão exata com todas as doses possíveis de uma mesma profunda resposta que permite ao poeta *dar um relevo fugaz ao invisível*, segundo suas próprias palavras.

Enquanto o homem é um ser que pergunta, a primeira pergunta que se formula é acerca de si mesmo. A constante na poesia de Mejía é precisamente essa tendência a interrogar, por parte do homem; um interrogar que se dirige ao universo para automaticamente se reverter sobre ele mesmo, apelando, contudo, à individualidade e ao egoísmo natural da poesia como um complemento da dualidade iniludível e assombrosa que lhe provoca inquirir.

Em minha passagem pelo morrer-amar: que tanta é a divisão, quais são as porcentagens de meu espírito em sua

travessia, simultânea, por cada uma dessas rachaduras,
fundas e invisíveis?
[A rachadura não visível]

E encontramos, da mesma maneira, respostas dadas com uma funda, duras, redondas, definitivas:

O copo meio cheio ou meio vazio
resvalou de tuas mãos,
mesclando-se no chão
a água, os cristais e o vazio.

Não há dilema: apenas ser e não ser.
[O ponto sobre o Y]

De imediato, notamos que há em sua poesia uma forte preocupação antropológica. Expressa, à maneira complexa e hermética, paradoxal e matemática da filosofia, sua experiência, sua pré-compreensão do humano. Não tenta construir um discurso antropológico ou filosófico, apenas nos sugere as interrogantes e nos oferece as respostas através de sua própria humanidade, desde sua pré-idéia do que é-somos; desde a concreta experiência de seu assombro desgalhado no prisma da realidade irreal:

meu rosto/mil rostos
em incêndio

espelhos diante de si
em fuga
na cifra infinita
de minha fugacidade
[XVI]

Isto lhe permite perguntar, ao mesmo tempo, sobre o homem e regressar a si mesmo neste jogo brilhante, na obsessão circular pelo sentido da existência.

*

Também a ciência tem no livro um lugar irrenunciável, embora estes recursos, a constante mão da física e da astronomia, o lugar dos cientistas na prosa, as leis que se oferecem como terreno fértil ao paradoxo, os dados científicos que se inscrevem de modo genuíno e oportuno neste contexto filosófico não sejam senão fino e acertado pretexto, um recurso para adentrar e explorar outras áreas mais intensas do humano, isto que precisamente permite a perfeita fraternidade da ciência, da poesia e da filosofia. São os elementos que lhe permitem traçar, de maneira original e nova, as perguntas filosóficas fundamentais, recriar as interrogativas e reformulá-las com deliciosa profundidade, o que é um mérito inegável em *Expírito*. A ciência, portanto, é o recurso perfeito para adentrar e, sobretudo, para re-iluminar a pergunta essencial sem transtorná-la, para insuflar-lhe vida em palavra nova.

Pôr o universo com
suas galáxias estrelas buracos negros
tempoespaçocurvo
x dimensões sonhos luz
a mente de Deus
   em meu dedo anular
e escrever tudo de novo
o poema
  o universo
[XXIX]

A ciência constitui aqui o meio exato para expressar o poeta em seu estado de pasmo e de obsessão, que surge do paradoxo "pequenez-grandeza" humana, contidas uma na outra e desveladas em si mesmas. O homem como microcosmos, enquanto contém em si todo o cosmos e ao mesmo tempo sente a dor de ser limitado, efêmero, diminuto; eterno e ao mesmo tempo finito no todo que somos cada um:

Alguém
sonha comigo
                    enquanto
eu sonho com outra e
                         ela com outro
em elos concêntricos
                         oniespirais
como os raios da roda ao
          acelerarem
se perdem dentro de si mesmos

no círculo lúcido de um anel
          cujo centro
— em todas as partes e em nenhuma —

     irradia em todos os sonhos
e concentra o sonho de todos
[XV]

*

Mejía parece dinamizar os mais puros existenciais, portanto. O homem como possibilidade, por exemplo, dado que creio reconhecer no uso constante e privilegiado — com um magistral lugar no poema — do "houvera" ou do "haveria". O "houvera", esse tempo que não é passado, nem futuro, nem é presente, mas sim uma alternativa que nos permite e exige a dor de ser e não ao mesmo tempo, sempre foi a possibilidade que já não é, *minha* possibilidade, que já não existe; manifesta-se no absoluto verbo do assombro, o desencanto, a trágica surpresa do *outro* presente, ao qual já é impossível recorrer para *ser* dentro dele:

Houvera, houvesse,
tempo intacto
soma de histórias
sem história
a imagem que ainda
apalpamos
　　　— no entressonho —
a morte que me possui
　　　e eu possuo
[XVIII]

Também poderíamos assegurar que se trata de um passado alternativo que segue inexoravelmente se prolongando em meu presente através da dor de não ter podido ser: "houvera", "houvera", retumba como um tambor elegíaco de gênese em todo *Expírito*. "Houvera", contudo, é também o resultado paradoxal da liberdade. Como *ser*, "houvera" significa que "não fui", de modo que o desenlace necessário é o imenso desencanto imerso na flama vital, a frustração, talvez, como uma conseqüência natural — embora sublimada — do exercício da realidade.

É uma poesia que está muito atenta, no entanto, ao que hoje constitui a reflexão sobre o homem (muito penosamente o amor e uma etérea mulher encarnando-o), no sentido de que, contrário ao que alguns poderiam pensar, o que Mejía nos diz acerca do homem não são generalidades de uma corrente filosófica que foram extraídas para serem inseridas de uma maneira fria no poema. Não são interrogativas universais que se mostram vazias do poeta. São, antes de tudo, a necessidade e a experiência concreta, particular e circunstancial de cada ser humano, ou seja, do humano que é a soma das individualidades, o devir do *um só* no mundo que se cristaliza na prova concreta da voz de um só homem: o poeta Mejía. Por isto, como o poeta verdadeiro, ele fala a partir de si mesmo, e pode ao mesmo tempo falar a partir de todos com o alto-falante da natureza humana, sem que isto signifique falsa generalização.

*

Um homem, em cada momento, muda, transfigura-se, é outro. Mesmo sendo quem é, nunca é igual a si mesmo, nem o é para outra pessoa, mesmo que essa pessoa seja seu filho, sua mãe ou sua esposa.

Seu caráter e sua marca digital o delatam e individualizam, porém seu ser — que é água, mas é também fogo e vento — vibra numa torrente e numa contracorrente de metamorfoses que o transformam até sua figura final.

Diverso em si, um homem ao longo de sua existência é outro homem, inalcançável, auto-similar, em eterno ziguezague: a clonagem incessante de alguém que já não é ele.

[Homem em ziguezague]

O tempo, que aparece continuamente na maioria dos poemas, tem, no entanto, um matiz existencialista: o esquivar-se da existência, o esquivar-se da possibilidade, não em exercício da vontade, mas sim por meio das forças cegas do imprevisível:

Em meu relógio, não contam
os grãos da areia que passa,
mas sim aquilo que resta:
a transparência
medida de meu tempo breve.

[Sonhos de areia]

E logo nos espeta a *outridade*, a dualidade dolorosa do esperadamente real:

Com as gemas do pensamento
armo as últimas peças
de meu tempo mental

Em expírito me reflito
— e por momentos me revelo
até desaparecer —
na metade real
do mundo

[a]

E aqui toma grande força outro dos existenciais que o atormenta e o faz encarar o vazio: a morte. A morte como destino, como um tombo essencial, sem o qual o humano não é possível nem explicável, até — pelo menos assim o entendi — ceder à tentação fatalista de ver na morte o sentido último, o evento central, a pleura resistente que é cápsula e esponja de nossa única possibilidade de ser: a vida.

Ter a morte bem dentro
   e fa
      (la
        la)
         lar-lhe
— com as sílabas do silêncio —
sobre a vida maravilhosa
[Voz de vida]

É por isto que o gato, com suas sete vidas não vidas, aqui se converte, como em muitos outros escritores, no símbolo perfeito para encarnar o olhar do poeta sobre o universo e sobre nossa humanidade.

Expiro em espiral
entre
a morte 7
     e a vida 8
do gato
[XXIV]

*

O que torna *Expírito* uma leitura excitante é também a descoberta de que seus poemas se nutrem sozinhos, unidos e, simultaneamente, separados do poeta e da própria circunstância de sua criação. Consegue pasmar-nos profundamente com sua paixão por um universo aberto no acaso e na certeza do funesto, seu ritmo místico, suas repetições misteriosas, o obscuro nas circunstâncias acidentais da existência. Uma poesia medularmente humana, por vezes marcada por um minimalismo assombrado e doloroso; poesia madura, filosófica, que jamais se detém em especulações estilísticas vazias. Uma poesia complexa que nos mostra o domínio do ofício e a maestria do poeta, encarnada, por exemplo, na voz profética e apocalíptica que o poema "Ciclo" nos oferece como um microcosmo da atitude geral do poeta no livro:

Do céu chovem homens
                    gotas de pó
....
                    peixes
calculam o final do tempo [(-30)] *ao*
tropeçarem em alguma curva do espaço
curvo...
....
                    herbívoros
fabricam armas pós-fissão nuclear para
exterminar seu vizinho — o inimigo milenar
devorador de relva — que desta vez
não sobreviverá...
....
[Ciclo]

Expírito representa, portanto, a morte vital; o exercício sublime e iniludível de expirar em consciência da morte, da leveza humana, exercício que paradoxalmente dá asas e força à existência. Este é, a rigor, o sopro de vida que normalmente chamaríamos de "espírito", e que Mejía permuta por um *Ex* latino que de imediato nos coloca "fora de".

Expírito, talvez seja no homem esse equilíbrio — resto, entre seus estágios físico, quântico, mental.
[t]

Por isto é inexorável.

Expírito sempre morre e, no entanto, vai modelando uma medula inesgotável na vida. O fundo encaixa-se à forma e nos deixa profundos e gelados. Cruzamos a desolação sagrada da existência, a impossível fronteira do instante, o instante infinito da morte... religiosamente vivendo. O autor viaja seu estado existencial nas curvas mais ocultas das palavras que, por vezes, abruptamente cerceadas, brilham, se tocam, punçam melhor. Uma linguagem que esculpida com profundidade nos oferece harmonia e determinação, e, sobretudo, uma voz que está em condições de interatuar com a fagulha racional da alma.

Em Mejía escreve a inteligência, o amor pela idéia e pelas verdades contidas no mundo ideal. Sua pluma corre em linhas de ferro tão fugazes como agudas; e nesta longa translação efêmera tudo se nos quebra e crucifica, tudo nos *fala-fala-fala* desa-prumando-se irremediavelmente no humano, nos reflexos inescapáveis do mundo.

Universidade Autônoma de Chihuahua, México

Impresso em São Paulo, SP, em maio de 2007,
com miolo em Offset 75 g/m²,
nas oficinas da Bartira Gráfica.
Composto em Kabel, corpo 14,
e OrigGarmnd, corpo 11.

Não encontrando esta publicação nas livrarias,
solicite-a diretamente à editora.

Escrituras Editora e Distribuidora de Livros Ltda.
Rua Maestro Callia, 123
04012-100 – Vila Mariana – São Paulo, SP
Tel.: (11) 5082-4190
escrituras@escrituras.com.br (Administrativo)
vendas@escrituras.com.br (Vendas)
imprensa@escrituras.com.br (Imprensa)
www.escrituras.com.br